Ricardo Virtanen

# Hilo de lluvia

*(Haikus, 2019-2022)*

LA GARÚA
POESÍA · *Haiku, 7*

Primera edición: mayo de 2024

Dirección: Jesús Aguado y Joan de la Vega

Consejo editorial: Pablo F. Sopuerta, Lola Irún,
Paula Gámiz y Maribel Sola

© texto, Ricardo Virtanen
© ilustración, Ricardo Virtanen
© prólogo, Luis Alberto de Cuenca
© La Garúa Libros
Barcelona (España)
www.lagaruapoesia.com

ISBN: 978-84-128186-3-5
Depósito Legal: B 1486-2024

Arabesco

# Prólogo

Luis Alberto de Cuenca

Real Academia de la Historia

He tenido la suerte de toparme a lo largo de mi vida con dos de los mejores *connaisseurs* del haiku japonés que ha dado España al mundo: mi llorado amigo Manuel Lara Cantizani, que se fue al cielo antes de tiempo y que empapeló literalmente su ciudad natal, Lucena, con las 17 sílabas más célebres de la lírica universal, y otro querido amigo, Ricardo Virtanen (pronúnciese Vírtanen, con acento en la primera sílaba, como ocurre con todas las palabras del idioma finés), de quien tanto he aprendido en su calidad de haijin (pronúnciese jaiyín), que es como se denomina en Japón al que compone haikus, al poeta dedicado con exclusividad a este tipo de escritura. De modo que podría afirmar, sin temor a equivocarme, que tanto Manuel como Ricardo han sido mis maestros en la disciplina del haiku, sin olvidar a mi mujer, Alicia Mariño, que también está muy versada en la poesía del Imperio del Sol Naciente, habiendo incluso publicado un estupendo libro de haikus titulado *Aire del tiempo* (Reino de Cordelia), prologado por Fernando Sánchez Dragó, de tan gratísima memoria, y con unas soberbias páginas epilogales a cargo del mencionado Lara Cantizani.

Virtanen tuvo la bondad de redactar una excelente introducción a la recopilación de mis haikus en la editorial Libros del Mississippi, que ya va por la segunda edición ampliada. Todo eso atestigua que el rectángulo filonipón formado por Manuel, Ricardo, Fernando y Alicia ha interactuado entre sí y con el firmante de estas líneas de una forma continua y persistente. Tanto que va a ser difícil, cuando no imposible, que los vínculos que nos unen se debiliten en el futuro, y no solo entre los tres que seguimos vivos, sino también entre nosotros y nuestros compañeros difuntos. En ese contexto de interactuación me toca ahora a mí el placer y el honor de presentar un nuevo libro de Ricardo Virtanen, *Hilo de lluvia*, compuesto exclusivamente de haikus, 100 en total. Ese centenar se reparte en tres marbetes que confieren al libro una estructura tripartita: «Inquietudes» (36 haikus), «Rumores» (44 haikus) y «Presencias» (20 haikus). Virtanen se atiene la mayoría de las veces a la más pura ortodoxia del haiku japonés, que ha de versar sobre un tema relacionado de uno u otro modo con la naturaleza, el paso de las estaciones y la observación del mundo circundante, sin permitirse en ningún momento (o en casi ningún momento, si queremos ser exactos) a la efusión sentimental. Para el amor y otras perversiones del espíritu ya tenían y tienen los nipones la otra estrofa fundamental de su sistema lírico vigente, a saber, la compuesta por cinco versos de 5 +7 + 5 + 7 + 7 sílabas, 31 en total, que recibe el nombre de *tanka* o *waka* y no presenta restricciones temáticas de ninguna clase.

*Hilo de lluvia* es un hermoso título. Ricardo lo ha extraído de una de las piezas que conforman la sección «Rumores» del libro, la más poblada de las tres. Dice así el haiku completo:

> **Bajo la luna,**
> **el aullido de un perro.**
> **Hilo de lluvia.**

En ese haiku, suficientemente ortodoxo para la escrutadora inspección del haijin más exigente, percibe el lector con nitidez qué se pretende con una estrofa semejante: describir lo observado, buscando siempre el apetecido contraste entre elementos que ayuden a considerar el mundo desde una perspectiva sinestésica en la que los sentidos se funden hasta configurarse en una sola máquina perceptiva accionada por la palabra.

Si continuamos leyendo los preciosos y precisos haikus de Virtanen iremos comprobando cómo cada uno de ellos ratifica esa fusión sensorial. Y será necesario que olvidemos, mientras dure nuestra lectura, los prejuicios habituales en la retórica propia de Occidente. La emoción, consustancial a la poesía, es aquí otra emoción, más cerca del ensueño que de la lágrima, de la visión de un Todo que se presta a vulnerar su fragmentarismo inicial y a brindarnos la posibilidad de integrarnos en él, en sus 17 sílabas redentoras, anonadantes, mágicas.

Pasen y lean. ¡Adelante! Los 100 haikus de *Hilo de lluvia* los están esperando.

Madrid,
10 de septiembre de 2023

A Raija Sofia Viena y Anja Pirttilahti,
juntas de nuevo.

# INQUIETUDES

*La Luna tiñó*
*toda la nieve*
*de azul oscuridad.*

BŌSHA

Cómo la lluvia
se disputa los pétalos
de cada flor.

Todas las flores
del camposanto blancas,
casi amarillas.

Se fue el invierno,
y la lápida sucia
está sin hojas.

La lespedeza
sobre el agua flotando,
recién cortada.

El crisantemo
se dobla en la maceta
con una ráfaga.

Almendro en flor.
La noche se ha cerrado,
blanco en la luna.

Calles vacías.
Sólo el olor a espliego.
Viento y aroma.

Luna de agosto.
Un plástico que vuela
hasta el balcón.

Crece en la alfombra
un esqueje de hierba.
Todos lo pisan.

Primeras horas.
Un olor a jazmín
entra en el coche.

El sol alumbra
un campo de amapolas.
La soledad.

El viento mueve
suave la colchoneta
cuando amanece.

No desentona
la piedra de la tumba
bajo la encina.

El aire pasa
las páginas de un libro
abandonado.

Casa derruida.
El sol nunca penetra
por las ventanas.

Cuando amanece,
las ruinas de este templo,
también sagradas.

Lleva ya días
la naranja podrida
bajo el naranjo.

Llega septiembre.
Al borde del camino,
sólo unos cardos.

Lejos, el humo
de una finca incendiada
o de unos árboles.

¿A dónde irá
esa flor de cerezo
que el viento arranca?

Nadie se acuerda
de la tumba en otoño.
Aquella lluvia.

Una flor roja
de plástico en la tumba.
Días de otoño.

Hoja tras hoja
se ha llenado el alféizar.
Nido de hornero.

Dos barcos solos
en el embarcadero.
Nadie regresa.

Siguiendo el río,
el sendero se aleja.
Tanta hojarasca.

El aire arranca
unos últimos pétalos
de la camelia.

Al sol de otoño,
unas bayas caídas.
La tierra húmeda.

Lluvia de agosto.
Su sonido en las hojas
rompe el silencio.

Amaneciendo,
los copos de la nieve
tapan la luna.

Árbol cortado.
Unas hojas se pegan
a la resina.

Cielo plomizo.
Un junco en la maleza
resiste solo.

El horizonte,
con las primeras nieves,
es más lejano.

Lluvia menuda.
Las hojas del invierno
suben al árbol.

Luna tan alta
tras las ramas sin hojas.
Sólo el silencio.

Cómo la escarcha
ha dejado a la flor
en cuarentena.

Ya no se ven
huellas en el camino.
Nieve en la nieve.

# RUMORES

*Ruego a la mariposa*
*me brinde compañía*
*en esta caminata.*

SHIKI

*Con el viento de otoño*
*una luciérnaga escapa*
*andando.*

ISSA

No se distinguen
sobre la nieve sucia
los grajos quietos.

Desaparece
el pájaro en su vuelo.
Noche sin luna.

Pétalos rojos
dispersos en el aire.
¿Quieren ser pájaros?

El aleteo
de un pez sobre la arena.
Ya no se mueve.

Un saltamontes
parado en la ventana.
La noche oscura.

¿Hojas o peces?
La corriente del río
llegando otoño.

El cierzo mueve
las ramas de los árboles.
Un perro ladra.

Parece viva
la piel de la serpiente.
La roza el viento.

La rana verde
en el árbol quemado
toda la noche.

Al fin noviembre.
En la rama sin hojas
ya se ve el nido.

Varias palomas
picotean el vómito.
Sol de noviembre.

En la autopista,
sobre cada farola,
una cigüeña.

Huele a podrido
entre hielo y lechuga.
Unas merluzas.

Tarde lluviosa.
Asomando en la niebla,
un perro flaco.

Todas las aves
en una dirección.
Se escucha el viento.

El movimiento
silencioso, en la noche,
de una lechuza.

Una libélula,
como una mariposa.
O como un pájaro.

Revolotea,
en el charco de aceite,
la mariposa.

Camina el grajo
entre varios ciruelos.
No se decide.

Bajo la luna,
el aullido de un perro.
Hilo de lluvia.

Viento del norte.
La mariposa vuela
al ras del suelo.

En el semáforo,
pegado con la lluvia,
el caracol.

Se mueve aún
la polilla arrastrada
por la corriente.

Agua estancada,
un pez rojo que flota.
Casa sin nadie.

Llega diciembre.
Los pájaros aguardan
en la ventana.

Mira su sombra
el caballo, y no sabe
que son lo mismo.

El viento mueve
la avispa en la piscina
en semicírculos.

Sobre la lámpara
agoniza un moscón
aleteando.

Cruzan la calle
perros desorientados.
Tarde de agosto.

Bajo la lluvia
las carpas picotean
un pez hinchado.

Todas las noches
se encienden las luciérnagas
junto a la luna.

Cruza el estanque
un cisne blanquecino
cuando anochece.

Tras la ventana,
el cuervo no se mueve
fundido en negro.

Luces y sombras
atraviesa el murciélago
en la autopista.

Llega septiembre.
La lápida sin nombre
llena de hormigas.

Se ha vaciado
la piscina. Y un resto
de mirlo azul.

También se mueven
las sombras de los árboles.
Aguas del río.

A la deriva,
el cuerpo de una ardilla
se descompone.

Volando bajo,
la sombra de un halcón
no titubea.

Sólo un gorrión
alrededor del árbol.
No queda pan.

Saltó la rana
al agua corrompida.
Aún hay burbujas.

Un sol de otoño
ilumina las tumbas.
Pasea un gato.

Un gato negro
flotando sobre el agua.
Su resplandor.

Tarde de otoño.
¿Improvisa el pinzón
o lo ha aprendido?

# PRESENCIAS

De la luna cae elegante
una hoja de kaki.

SANTŌKA

Abro la ventana.
La ventana llena de primavera.

SANTŌKA

Comiendo fresas,
al borde del camino,
sobre una piedra.

Posada en su hombro,
ya no quiere volar
la mariposa.

Dejé una rosa
dentro del maletero.
Su olor ahora.

Cerca de mí,
vuela el escarabajo
sólo un instante.

Lleva su anillo
treinta años después
de que muriera.

Todas sus prendas,
alineadas sin forma
en el armario.

Aún en el barro,
las huellas de sus botas.
Serenidad.

Sólo seis meses
que murió el propietario.
¡Hierba tan alta!

Mira las olas
que vienen y se van.
Sol de poniente.

Camino a solas.
La sombra de los árboles,
un sol de octubre.

¡Luna redonda!
No cabe en la ventana
de este salón.

Coge la rosa
antes de que sus pétalos
estén en tierra.

Mosca de agosto.
Busca estar a mi lado
para morir.

En la terraza,
un gorrión que no vuela.
¡Pasa conmigo!

Tras una noche
bebiendo anís y orujo,
dos o tres lunas.

Cantan los grillos.
Y mi voz se une al coro
desafinando.

Cuando no mira,
el viento se ha llevado
la última hoja.

La mariquita,
llevada por el viento
hasta la agenda.

Nadie le aguarda
en el banco de piedra.
Ahora bosteza.

Los niños juegan
con el nido vacío.
Llega diciembre.

*Índice*

## Hilo de lluvia
*(Haikus, 2019–2022)*